ANSIEDAD

Formas inteligentes para vencer la ansiedad y la depression

(Derrota la ansiedad y el estrés y disfruta tu vida sin dolor)

Eneas Pena

Publicado Por Daniel Heath

© **Eneas Pena**

Todos los derechos reservados

Ansiedad: Formas inteligentes para vencer la ansiedad y la depression (Derrota la ansiedad y el estrés y disfruta tu vida sin dolor)

ISBN 978-1-989853-14-6

Este documento está orientado a proporcionar información exacta y confiable con respecto al tema y asunto que trata. La publicación se vende con la idea de que el editor no esté obligado a prestar contabilidad, permitida oficialmente, u otros servicios cualificados. Si se necesita asesoramiento, legal o profesional, debería solicitar a una persona con experiencia en la profesión.

Desde una Declaración de Principios aceptada y aprobada tanto por un comité de la American Bar Association (el Colegio de Abogados de Estados Unidos) como por un comité de editores y asociaciones.

No se permite la reproducción, duplicado o transmisión de cualquier parte de este documento en cualquier medio electrónico o formato impreso. Se prohíbe de forma estricta la grabación de esta publicación así como tampoco se permite cualquier almacenamiento de este documento sin permiso escrito del editor. Todos los derechos reservados.

Se establece que la información que contiene este documento es veraz y coherente, ya que cualquier responsabilidad, en términos de falta de atención o de otro tipo, por el uso o abuso de cualquier política, proceso o dirección contenida en este documento será responsabilidad exclusiva y absoluta del lector receptor. Bajo ninguna circunstancia se hará responsable o culpable de forma legal al editor por cualquier reparación, daños o pérdida monetaria debido a la información aquí contenida, ya sea de forma directa o indirectamente.

Los respectivos autores son propietarios de todos los derechos de autor que no están en posesión del editor.

La información aquí contenida se ofrece únicamente con fines informativos y, como tal, es universal. La presentación de la información se realiza sin contrato ni ningún tipo de garantía.

Las marcas registradas utilizadas son sin ningún tipo de consentimiento y la publicación de la marca registrada es sin el permiso o respaldo del propietario de esta. Todas las marcas registradas y demás marcas incluidas en este libro son solo para fines de aclaración y son propiedad de los mismos propietarios, no están afiliadas a este documento.

TABLA DE CONTENIDO

Parte 1 1

INTRODUCCIÓN 2

Explicando La Ansiedad 4

1.1 ¿QUÉ ES LA ANSIEDAD? 4
1.2 TIPOS DE ANSIEDAD 5
TRASTORNO POR ESTRÉS POSTRAUMÁTICO (TEPT) 6
TRASTORNO OBSESIVO-COMPULSIVO (TOC) 7
TRASTORNO DE ANSIEDAD SOCIAL 7
1.3 SINTOMAS COMUNES DE LA ANSIEDAD 10
1.4 POSIBLES RAÍCES DE LA ANSIEDAD 13

1.5 Conceptos Incorrectos Comunes Sobre La Ansiedad ... 16

#1: EVITAR POTENCIALES DESENCADENANTES ES POSIBLE 16
#2: ESTÁ TODO EN TU CABEZA 17
#3: LA ANSIEDAD SIEMPRE ES CAUSADA POR UN TRAUMA EN PARTICULAR 18
#4: DECIRLE A ALGUIEN DE SUFRE DE ANSIEDAD "CÁLMATE" O "SUPÉRALO" DE SEGURO SERVIRÁ 18
#5: LA MEDICACIÓN ES LA ÚNICA SOLUCIÓN 19

Formas Naturales Para Tratar La Ansiedad 20

LA CURA ALTERNATIVA A LAS PRESCRIPCIONES MÉDICAS CONTRA LA ANSIEDAD 20
¿CUÁL ES LA DIFERENCIA AL UTILIZAR TRATAMIENTOS NATURALES CONTRA LA ANSIEDAD? 21
BUSCA EL TRATAMIENTO NATURAL CORRECTO PARA TU ANSIEDAD ... 22

2.1 Cambio En El Estilo De Vida 23

2.1.1 Dieta Apropiada 23

ALIMENTOS QUE DEBES EVITAR 24
ALIMENTOS QUE DEBES INCLUIR 25

2.1.2 Ejercicio Físico 29

2.2 Yoga Y Meditación 33

¿CÓMO ES QUE EL YOGA Y LA MEDITACIÓN AYUDAN A SUPERAR LA
ANSIEDAD? 33
PREOCUPACIONES DEL DÍA A DÍA 34

2.3 Hipnoterapia 36

¿QUÉ ES LA HIPNOTERAPIA? 36
¿POR QUÉ ES EFECTIVA CONTRA LA ANSIEDAD? 38

2.4 Hierbas Medicinales 39

TRATAMIENTOS DE ANSIEDAD SUPLEMENTARIOS 40

CONCLUSIÓN 42

Parte 2 45

Introducción 46

Capítulo 1: Comprender Los Síntomas De La Ansiedad 48

EVASIÓN 50
DEPENDENCIA 51
ESPERANDO QUE SUCEDA LO PEOR 52
SE PONE PEOR 53
FUNCIONAMIENTO DETERIORADO 53

Capítulo 2: Técnicas De Relajación Que Te Ayudarán A
Vencer Tu Ansiedad 55

RESPIRACIÓN PROFUNDA 57
MEDITACIÓN DE LA CONCIENCIA PLENA 58
PIÉNSALO 58
CÓMO SER CONSCIENTE 60
MOVIMIENTO RÍTMICO 61
AQUÍ ES CÓMO PUEDE HACER ESTO: 63

Capítulo 3: Cómo Controlar Tu Preocupación 65

CREAR UN PERÍODO DE PREOCUPACIÓN 66
POSPONER SU PREOCUPACIÓN 67
PREOCUPARSE SÓLO DURANTE EL PERÍODO DESIGNADO 67

PARTICIPAR EN LA RESOLUCIÓN DE PROBLEMAS 68
¿QUÉ ES LA RESOLUCIÓN DE PROBLEMAS? 68
ACEPTAR INCERTIDUMBRE 71

Capítulo 4: Desafía Tus Pensamientos Ansiosos 72

ENTONCES, ¿QUÉ PUEDES HACER PARA PREVENIR ESTO? 72

Capítulo 5: Derrotar La Ansiedad Cuidándose A Sí Mismo. 77

TOMAR UN DESCANSO 78
HAZ ALGO QUE DISFRUTES 79
DORMIR 80
MANTENTE CONECTADO 83

Conclusión 85

Parte 1

Introducción

¿Tú o alguien conocido tuyo sufre de ansiedad? Debes saber que la ansiedad puede variar según cada persona. En algunas personas dura solo por un corto tiempo, mientras que para otras puede durar años y si uno no hace nada para mejorar esta situación, hay más posibilidades de que la condición se siga alargando en el tiempo.

Hablando desde mi propia experiencia, los síntomas de la ansiedad pueden ser tan horribles que pueden llegar al punto de afectar cada aspecto de la vida. Sin embargo, practicando algunas cosas muy simples, se puede superar la ansiedad y al igual que cualquier otra situación que enfrentamos en la vida: no hay nada mejor que hacerlo de manera natural. Es importante que sepas que no es tan complicado superar la ansiedad siempre y cuando cuentes con el conocimiento necesario.

Primero que todo, es importante

comprender qué es la ansiedad. Para algunas personas es mucho más que sentir náuseas y estrés. En ocasiones, la ansiedad se vuelve tan seria que desemboca en ataques de pánico. Si alguna vez has sido diagnosticado, y tal vez por eso lees esto, sabes que encontrar el mejor método de superar esta condición mental es prioritario.

La clave para superar la ansiedad comienza desde el conocimiento. Para poder tratar cualquier cosa primero debes saber qué es, porqué se origina y porqué lo tienes. En muchas ocasiones, el merohecho de conocer los síntomas del trastorno es una gran ayuda para superarlo.

En este libro, te entregaremos toda la información que necesitas saber acerca de la ansiedad. Además de explicar qué es y por qué te afecta, aprenderás a reconocer los síntomas más comunes, las mejores maneras de superarla y otras cosas importantes que debes saber para eliminarla de tu vida para siempre.

1

Explicando La Ansiedad

1.1 ¿Qué Es La Ansiedad?

Pareciera ser que más y más personas se quejan de sufrir ansiedad, es algo que escuchamos con más frecuencia que antes, pero ¿qué es ansiedad? Intentaré explicarlo lo más simple que pueda… Ansiedad es una palabra utilizada para describir diferentes condiciones mentales que pueden manifestarse en síntomas físicos que afloran al estar nervioso, tenso y preocupado. La ansiedad tiene diferentes etapas, las cuales van desde la media hasta la severa.

La mayoría de las veces las personas desarrollan algún tipo de ansiedad cuando enfrentan algo que está fuera de su zona de confort o cualquier cosa que pueda parecerle un reto. Por ejemplo: viajar solo por primera vez. Esto puede afectar a la gente de diferente manera, viajar solo puede ser normal para algunos, pero para otros puede traducirse en insomnio, inapetencia, imposibilidad de concentrarse, entre otras cosas. En algunos casos más serios puede afectar cada aspecto de la vida por largo tiempo. Generalmente, la ansiedad nace cuando nos anticipamos o pensamos mucho en algo, sin importar si son cosas que puedan o no pasar.

1.2 tipos de ansiedad

Los trastornos de ansiedad pueden clasificarse en diferentes tipos mucho más específicos. Los enlistados abajo son los tipos más comunes de ansiedad de los cuales debes tener conocimiento.

- **Trastorno de Ansiedad Generalizada (TAG)**

El trastorno de ansiedad generalizada o TAG por sus siglas, es un tipo de ansiedad clasificada como una ansiedad a largo plazo. Esto es cuando una persona siente miedo de situaciones o eventos, quienes padecen de este tipo de ansiedad se preocupan de cualquier cosa; desde asuntos familiares, problemas en el trabajo, problemas económicos, problemas de salud, etc. Ypara ellos estos miedos parecenimposibles poder controlarlos. Para terceros, este miedo usualmente es visto como algo menor o como una reacción exagerada para lo que normalmente se vive durante ese tipo de situaciones. Las personas que sufren de este trastorno tienden a pensar en las peores cosas que podrían suceder. Estas personas no suelen evadir las situaciones sociales o el trabajo, pero están llenos de ansiedad mientras las viven. Para muchos, los síntomas físicos que conlleva el TAG hacen que las actividades cotidianas se vuelvan más difíciles.

Trastorno por estrés postraumático (TEPT)

El trastorno por estrés postraumático o TEPT, es un tipo de ansiedad que es causada por alguna situación dolorosa que sucedió en el pasado. Estos casos pueden variar desde si una persona fue atacada o asaltada a casos más serios como un secuestro o unasituación de abuso. Este tipo de ansiedad suele ser muy común en militares que participaron en guerras. El TEPT causa flashbacks hasta aquellos eventos y puede desembocar en estrés cuando se recuerda la situación.

Trastorno Obsesivo-Compulsivo (TOC)

El Trastorno obsesivo-compulsivo o TOC, es otro tipo de ansiedad que puede ser ilógico y repetitivo pero que quién lo sufre, alivia este trastorno compulsivo al seguir un patrón particular y persistente como por ejemplo: lavar sus manos de manera compulsiva, encender y apagar el interruptor de luz una y otra vez, asegurándose de haber cerrado bien la puerta repetidamente, hacer la cama aun cuando ya la ha hecho, entre muchas otras.

Trastorno de Ansiedad Social

El trastorno de ansiedad social, es el miedo de estar rodeado por personas. La mayoría de las veces, quien lo padece siente miedo de ser humillado en público y sienten que están siendo observados y juzgados por aquellos que los rodean. La mayoría de las personas que sufren este tipo de ansiedad prefieren quedarse en casa y tienden evitar cualquier clase de evento social. Prefieren quedarse dentro de su zona de confort y evitar el contacto con otros seres humanos.

- **Trastorno de Pánico**

Son ataques inesperados de terror y preocupación que causan problemas para respirar, náuseas y mareos. Los ataques de pánico pueden suceder muy rápido y aumentan después de unos minutos y pueden durar por largo tiempo. Los trastornos de pánico pueden suceder después de alguna experiencia que causa mucho miedo o por un estrés persistente; sin embargo, también pueden darse de manera espontánea. Un ataque de pánico puede volver a una persona muy consciente de cualquier cambio en las funciones típicas del cuerpo, haciéndole pensar que puede estar sufriendo algún tipo de riesgo. Esta hipervigilancia se transforma en hipocondría. Además, los ataques hacen que la persona que los sufre espere que le den más, causando cambios radicales en el comportamiento con el fin de evitar dichos ataques.

- **Fobia**

La fobia es probablemente el tipo de ansiedad más amplia. Es un miedo extremo por una cosa o una situación la cual conduce a la persona a tener un ataque de pánico o a tener una reacción incontenible donde las acciones son extremadamente difíciles de controlar. Las fobias como el miedo a las alturas o miedo a bichos rastreros u otros animales son muy comunes y muchas personas las sufren, sin embargo, existen muchas más fobias por cosas que pueden sonar bastante extrañas para algunos, aun así, causan irracionales ataques de pánico a quienes las sufren. Al igual que muchos otros tipo de ansiedad, la raíz del problema puede deberse a experiencias pasadas, pero en muchos casos, pueden desarrollarse incluso si no han experimentado nada relacionado a ello en el pasado.

- **Trastorno de Ansiedad por Separación**

El trastorno de ansiedad por separación, es una condición que hace que una persona tenga sentimientos de pánico cuando se encuentra lejos de algún objeto, un lugar o una persona en particular. El caso más común es cuando alguien abandona su hogar o su ciudad. Esto hace que se les haga difícil hacer frente a esta situación o el adaptarse al nuevo lugar.

1.3 Síntomas comunes de la ansiedad

Las personas que sufren de ansiedad tienden a mostrar diferentes síntomasfísicos junto con los síntomas no físicos que retratan el trastorno como extremo y preocupante. Muchos de estos síntomas son los mismos que sufren aquellos que tienen alguna enfermedad, infarto, o ataque al corazón y esto suele hacer aumentar la ansiedad aún más.

Aquí abajo hay una lista con los síntomasfísicos que generalmente vienen con el trastorno de ansiedad generalizada:

- Tensión muscular
- Problemas de concentración
- Latidos del corazón más rápidos
- Cansancio
- Sobrecogimiento
- Migrañas
- Dolores de cabeza
- Temblores
- Náuseas
- Malestar estomacal
- Irritación
- Hormigueo
- Sudoración
- Comezón

Las personas con trastornos de pánico pueden experimentar los mismos síntomas físicos que las personas que sufren de TAG. Otros síntomas físicos que pueden experimentar, podrían incluir dificultad para respirar, aturdimiento y dolor de garganta.

El TEPT también tiene diferentessíntomas

que no son los mismos que en otros tipos de ansiedad. Los síntomas comunes que desarrollan las personas que sufren de TEPT incluyen, evitar a las personas, pesadillas, y flashbacks a las experiencias que gatillaron la condición. En algunos casos, es posible que tengan problemas de concentración, haciendo que les sea imposible dormir, sufren además de hipervigilancia, irritabilidad y negatividad.

1.4 Posibles Raíces de la Ansiedad

La raíz más común por la cual se genera la ansiedad puede ser generada por los mismos afectados al tener pensamientos negativos y poniéndose siempre en el peor de los casos, incluso si no existe una razón lógica para ello. ¿Alguna vez has viajado pensando que algo malo va a suceder y que morirás? ¿O tal vez has ido a alguna entrevista de trabajo pensando que todo saldrá horriblemente mal? Existen muchos factores como el trastorno cerebral, afección médica, la genética, experiencias previas o una combinación de todo. La ansiedad generalmente viene de todo el estrés que experimentamos en nuestras vidas y la presión que experimentamos de las personas exitosas que nos rodean a diario. Más abajo se encuentra una lista por la cual alguien podría experimentar ansiedad.

- Factores Ambientales y Externos

Los factores ambientales son conocidos por generar diferentes tipos de ansiedad que incluyen; trauma de situaciones malas como la muerte de alguien, la violencia psicológicay/o física o el acoso; el estrés causado por una relación, amistad, matrimonio; estrés del trabajo o la escuela y problemas financieros.

- Factores Médicos

La ansiedad se ha relacionado con factores médicos como la anemia, infecciones, asma y diferentes problemas cardiacos. Existen algunas raíces de ansiedad relacionadas con la medicina, como los signos de alguna enfermedad médica u operación, o los efectos adversos de tomar algún médicamente, la falta de oxígeno por unenfisema o embolia pulmonar, y el abuso de drogas. Muchas personas que son adictas a las drogas o al alcohol sufren de complicaciones mentales por algún tipo de ansiedad en particular como la fobia social, los trastornos de pánico o el TAG.

En general, la ansiedad es también reconocida como el resultado de la adicción a alguna droga ilegal como la cocaína o la metanfetamina.

- **Factores Genéticos**

Tal vez una de las peores razones son las que sugieren que si existe un historial de ansiedad en la familia de una persona, existe una gran posibilidad de que esta también la sufra. Existen personas que tienen tendencia genética, lo que hará mayor la posibilidad de sufrir trastornos de ansiedad.

- **Factores de la Química del Cerebro**

Investigadores han revelado que aquellos que tienen niveles irregulares de neurotransmisores particulares en su cerebro, tienen una mayor posibilidad de sufrir de TAG. Cuando los neurotransmisores no trabajan correctamente, las redes de comunicación internas del cerebro colapsan, y el cerebro podría trabajar de manera inadecuada y dispersa en situaciones particulares. Esto puede causar ansiedad.

1.5 Conceptos Incorrectos Comunes Sobre la Ansiedad

Muchas personas que no han experimentado ansiedad o no tienen muchos conocimientos sobre lo que es, eligen vivir con conceptos incorrectos sobre lo que en realidad es. Con el fin de aclararte las cosas, aquí hay cinco conceptos erróneos que vamos a corregir para darte un mejor entendimiento de esta condición médica:

#1: Evitar Potenciales Desencadenantes es Posible

Muchas personas que sufren de ansiedad tienen desencadenantes particulares que hacen aflorar fuertes sentimientos de ansiedad, particularmente ataques de pánico. Esto puede ser desde ir a algún evento social hasta realizar una llamada para una entrevista de trabajo. Mientras muchas personas se ponen ansiosas antes de hacer una gran presentación frente a muchas personas, algunas personas se ponen ansiosas cuando las saludan en público o cuando les toca hablar en el salón de clases. No importa lo que induzca la ansiedad a una persona, evitarlo nunca es la solución. Por lo tanto, decirle a alguien que evite algo o que no haga algo no tiene ningún sentido.

El tratar de evitar los desencadenantes hará todo lo contrario y elevaran la ansiedad, dejando a los pacientes sintiéndose desvalidos y solos cuando se encuentren en una situación que les sea imposible evitar.

#2: Está todo en tu Cabeza

Bueno, literalmente la ansiedad está realmente en la cabeza dado que es una condición mental. Sin embargo, algunas personas piensan que la ansiedad es algo que las personas pueden superar fácilmente ya que podemos controlar nuestras mentes fácilmente. ¡Error! Decir este tipo de comentarios insensibles pueden en la mayoría de los casos, empeorar la ansiedad de la persona.

#3: La Ansiedad Siempre es Causada por Un Trauma en Particular

Mientras que existen tipos particulares de ansiedad que nacen a raíz de una experiencia traumática como el TEPT, no quiere decir que todos los tipos de ansiedad son causados por malas experiencias. Otros tipos de ansiedad pueden ser causados por la química del cerebro o por la genética.

#4: Decirle a alguien de Sufre de Ansiedad "Cálmate" o "Supéralo" de seguro servirá

Decirle a alguien que supere una situación que lo pone ansioso es lo peor que puedes decirle a alguien que sufre de ansiedad. Las personas que sufren ansiedad saben que muchos de sus miedos son ilógicos e irracionales. Debes aceptar que la ansiedad es una condición mental y no es algo que se haga de manera intencional. Quienes sufren de esto tampoco quisieran experimentar lo que sienten, pero su mente y su cuerpo controlan sus pensamientos y sus emociones.

#5: La Medicación es la Única Solución

La medicación puede ser una excelente opción dado que es muy efectiva para vencer la ansiedad, sin embargo, también viene con efectos secundarios negativos y además la solución que pueden ofrecer solo es temporal. En la mayoría de los casos, el propósito de la medicación es disminuir los malos efectos de la ansiedad. La ansiedad se trata mucho mejor de manera natural ya que esto no trae ningún efecto secundario negativo o consecuencia. Además, los tratamientos naturales les enseñan a los pacientes las habilidades para obtener beneficios duraderos.

2

Formas Naturales Para Tratar la Ansiedad

La Cura Alternativa a las Prescripciones Médicas Contra la Ansiedad

Se dice que es normal que la gente se sienta ansiosa de vez en cuando. Sin embargo, si se experimenta de manera frecuente e incontrolable, es probable que se trate de ansiedad y se necesita la medicación apropiada para ello. Para quien sufre de este trastorno mental, es importante buscar tratamiento lo más pronto posible ya que es probable que se transforme en algo más severo y por lo tanto lidiar con ello será más difícil y puede afectar su vida de manera significativa. Si tu o alguien que conoces sufre de ansiedad, debes tener claro que no hay nada de qué preocuparse, ya que cada vez se han ido descubriendo más y más tratamientos para superar esta situación e incluso, ahora existen muchas formas naturales para tratar la ansiedad, lo que quiere decir que no deberás preocuparte de ningún efecto secundario negativo.

¿Cuál es la Diferencia al Utilizar Tratamientos Naturales contra la Ansiedad?

¿Quién no quisiera tener la oportunidad detratar su ansiedad de forma natural? Esta es la razón por la cual los tratamientos naturales para curar la ansiedad son preferidos por muchos de quienes la sufren. Es bastante obvio por qué las personas prefieren lo natural: No hay efectos secundarios. Además, los tratamientos naturales resuelven la raíz principal de tu ansiedad, haciendo que te sientas más relajado y cómodo.

Otro beneficio de escoger tratamientos naturales para tratar la ansiedad: es que te permiten controlar el trastorno de manera personal, lo que significa que evitar las cosas que gatillan la ansiedad, se vuelve más fácil.

Además, escoger un tratamiento natural contra la ansiedad es mucho más económico que comprar medicamentos costosos. No querrás empeorar el trastorno agregándole además la preocupación de tener que gastar tanto en medicamentos y además de eso, ahorrarás tiempo ya que muchos de los tratamientos naturales no requieren que salgas de tu casa y tampoco requieren largas horas en sesiones.

Busca el Tratamiento Natural Correcto Para Tu Ansiedad

No puedes solo sentarte de brazos cruzados y verte a ti mismo o a quienes amas siendo destruido por algún trastorno de ansiedad, lo que debes hacer es buscar distintas opciones de tratamientos para la ansiedad que estén confirmados como efectivos, naturales y lo más importante, seguros. Como paciente, depende de ti el tipo de tratamiento que quieras llevar a cabo, ten presente que tu objetivo es curar este trastorno y no empeorarlo.

La mayoría de las veces, quienes sufren de ansiedad se inclinan por la medicación esperando que los síntomasdesaparezcanrápidamente, pero terminan con efectos secundarios mucho peores. En este capítulo, aprenderás las cuatro maneras naturales más efectivas para superar la ansiedad.

2.1 Cambio en el Estilo de Vida

Lo primero que debemos observar cuando luchamos contra la ansiedad es el estilo de vida que llevamos. A pesar de que es fácil, muchas personas encuentran que cambiar los hábitos no lo es. Esto es totalmente comprensible, entonces ¿Cómo es que podemos cambiar nuestro estilo de vida? Existen dos áreas en las que debemos fijarnos: Tu dieta y tus actividades físicas. Veamos...

2.1.1 Dieta Apropiada

Cuando la ansiedad controla tu vida, una de las últimas cosas de las que quieres preocuparte es de tu alimentación. Sin embargo, la verdad es que hay que muchas cosas que uno debe lograr cuando intentamos sanar la ansiedad, y tener una dieta apropiada es una de ellas. Debes recordar que un cuerpo saludable conlleva a tener una mente saludable.

Alimentos Que Debes Evitar

Primero que todo, debes conocer los alimentos que debes evitar con el fin de minimizar lossíntomas producidos por la ansiedad. Con cambios muy simples en tu dieta, puedes mejorar de manera fácil tu estado anímico y tener un mejor día. Aquí abajo hay una lista con las comidas que debes intentar evitar.

- **Cafeína**: Bebidas con cafeína como el café y las bebidas cola deben evitarse tanto como sea posible. Intenta dejarlas y reemplázalas por té de hierbas. La cafeína es un estimulante y puede aumentar la percepción así como también inhibir el sueño.
- **Azúcar**: Está es definitivamente muy difícil de evitar, especialmente si estás acostumbrado a comer alimentos

procesados. Evita el azúcar refinado tanto como puedas ya que no le hacen ningún bien a tu cuerpo.
- **Alcohol**: A pesar de que algunas personas creen que el alcohol los tranquiliza, cuando se absorbe en el cuerpo puede llevar a sufrir síntomas de ansiedad. Lo mejor es dejarlo de lado.

Otros alimentos que se deben evitar incluyen las comidas muy aceitosas y alimentos procesados. No le hacen ningún bien a tu cuerpo, por lo que debes removerlas de tu lista del supermercado tanto como sea posible.

Alimentos que Debes Incluir

Si existen alimentos que debes evitar, también existen alimentos que debes incluir en tu dieta. Hay alimentos que son conocidos por mejorar el estado anímico, ayudando a superar los síntomas de la ansiedad. Aquí hay siete de ellos:

- **Alimentos Integrales**

Aquellos que toleran el gluten encuentran

que estos alimentos son beneficiosos, como el pan o la pasta integral. Hay estudios que muestran que los alimentos integrales "reales" ofrecen ciertos beneficios para personas que sufren ansiedad:

- El grano entero tiene un alto nivel de magnesio, y es la deficiencia de magnesio la que puede causar ansiedad.
- El grano entero tiene triptófano, lo cual se convierte en serotonina, el cual es un neurotransmisor calmante.
- Los alimentos integrales generan buena energía mientras reducen el apetito y es además es muy importante para calmar la ansiedad.

Los alimentos de grano entero pueden ser de gran ayuda para tratar la ansiedad y cuentan con nutrientes que se han ido removiendo de las dietas modernas.

- **Algas**

El alga tiene muchos beneficios que también ofrecen los alimentos de grano entero. No solo cuenta con un alto número de nutrientes, también tiene una gran cantidad de magnesio. El alga tiene un alto contenido de triptófano y esto lo convierte en una gran alternativa a los alimentos integrales en caso de que seas sensible o intolerante al gluten.

- **Arándanos**

El arándano no es solo una exquisita fruta que nos encanta para el postre, es también considerada un *superalimento*. Es rico en fitonutrientes y vitaminas, con diferentes antioxidantes que son conocidos por ser muy útiles para calmar toda la tensión y el estrés. Muchos expertos piensan que los duraznos pueden ser una buena opción también ya que contienen nutrientes que tienen efectos calmantes.

- **Bayas de Acai**

La baya de acai es básicamente el más nuevo de los súper alimentos y cada vez está llamando más la atención. Puede que no sea una fruta para perder peso como solía pensarse, pero las bayas de acai tienen un alto contenido de fitonutrientes similar al arándano y los niveles de antioxidantes que contiene la posicionan

dentro de las primeras de la lista.
- **Almendras**

Las almendras tienen un alto contenido de zinc, lo cual es un nutriente clave para mantener un estado de ánimo balanceado y además cuentan con grasas saludables y hierro. Con el fin de tener una dieta balanceada es importante incorporar grasas buenas en ella. Por otro lado, tener bajo los niveles de hierro causa fatiga cerebral que contribuye a tener baja energía y ansiedad.

- **Chocolate**

Bueno, antes de que saltes a buscar el chocolate que tienes guardado en el refri, debes saber que no estoy hablando de cualquier tipo de chocolate, estoy hablando del chocolate oscuro que no contiene leche o azúcar. El chocolate puro reduce el cortisol, que es la hormona del estrés que nos lleva a experimentar síntomas de ansiedad, el chocolate oscuro también ayuda a mejorar el estado de ánimo.

- **Raíz de Maca**

No me sorprendería saber que nunca

hayas oído antes de ella. Sin embargo, este polvo puede incorporarse en tus comidas y bebidas para ayudar a mejorar tu estado de ánimo. Se cree que esta raíz contiene niveles más altos de fitonutrientes que casi cualquier otro vegetal o fruta, entre los cuales se incluyen el hierro y el magnesio, ambos nutrientes esenciales a la hora de combatir la ansiedad. Además, normalmente se utiliza para mejorar la energía y la resistencia.

Llevar una dieta saludable es una de las mejores maneras de controlar la ansiedad. También debes asegurarte de beber suficiente agua diariamente. Muchos estudios han encontrado que la deshidratación afecta al 25% de quienes sufren de ansiedad, y la deshidratación es reconocida por causar aún más ansiedad.

2.1.2 Ejercicio Físico

Cuando alguien sufre de ansiedad, el ejercitarse es definitivamente la última de sus prioridades. Muchos de quienes sufren de un trastorno de ansiedad suelen evitar salir de casa e incluso simplemente levantarse de la cama, menos irán al gimnasio. Sin embargo, si realmente quieres superar la ansiedad es importante que hagas un esfuerzo para mejorarte a ti mismo físicamente.

Probablemente sabes que el ejercicio mejora la salud de las personas y previene condiciones degenerativas como problemas a la presión, problemas cardiacos y diabetes. Además, muchos estudios demuestran que el ejercicio físico ayuda a vencer la ansiedad y la depresión. Estos estudios muestran que realizar actividad física de manera regular no solo contribuye a un cuerpo más sano, sino que también a una mente más sana. Muchas personas se han dado cuenta que el practicar ejercicios regularmente los ha ayudado a liberarse de la ansiedad.

Aquí abajo encontrarás por qué el ejercicio ayuda a superar los trastornos de ansiedad:

- Al ejercitar liberamos la hormona endorfina y neurotransmisores cerebrales que son los responsables de la felicidad que sentimos. De igual, forma disminuye la producción de la hormona cortisol que es la responsable de la tristeza que sentimos.

- El ejercitar de manera regular puede mejorar tu físico, lo cual te entregará más confianza. Tu estado de ánimo mejorará cuando notes como tu imagen mejora por el ejercicio.Cuando logras superar el reto, obtendrás un sentimiento de satisfacción.

- El ejercicio es un excelente mecanismo de afrontamiento, el cual es mucho mejor que la dependencia a alguna droga, fumar y beber.

- Ejercitar puede ser también una excelente terapia para distraerte, el beneficio es que te ayudará a que canalices tus pensamientos indeseados en algo mucho mejor.

Como un beneficio extra de ejercitar podemos destacar que te ayudará a socializar con otras personas en caso de que escojas inscribirte en un gimnasio. Esto es de gran ayuda si sufres de ansiedad social. A aquellos que sufren del trastorno de ansiedad social se les deben alentar a realizar una terapia de exposición, en la cual se encuentren en situaciones donde no tienen otra opción más que interactuar.

Existen muchos programas de ejercicios de los que puedes elegir. Con toda la variedad que existe, es importante escoger aquel que te acomode más. En lo posible escoge un programa que te permita salir de casa e interactuar con gente. Actividades como salir a correr, practicar algún deporte, sacar a pasear a tu perro u otro tipo de actividades físicas son buenas opciones, sin embargo, realizar ejercicio dentro de casa también es beneficioso. Sin importar con qué tipo de ejercicio comiences, será beneficioso para superar tu condición.

No es necesario que contrates un entrenador personal o pierdas la cabeza realizando demasiado ejercicio, el simple hecho de caminar 30 minutos a paso ligero por un parque o dar un paseo en bicicleta de tu casa al supermercado será muy beneficioso.

2.2 Yoga y Meditación

El yoga y la meditación son otra manera que garantizan inducir calma y relajación profunda en tu mente y cuerpo. La meditación disminuye las hormonas del estrés, mientras que aumenta la producción de ondas alfa en el cerebro, que estimulan un estado calmado pero consciente. Aprender meditación es bastante fácil especialmente ahora que cada vez hay más y más clases y videos gratuitos disponibles.

¿Cómo es Que el Yoga y la Meditación Ayudan a Superar la Ansiedad?

En palabras simples, la meditación nos beneficia al hacer que nos quedemos quietos el tiempo suficiente para mantenernos calmados. Una vez que llegamos a un estado de calma, normalmente podemos pensar de manera más clara, tener una percepción más sana sobre cualquier cosa por la cual nos sentíamos ansiosos, y podemos ver las posibles soluciones para el problema que estamos enfrentando.

Preocupaciones del Día a Día

Con el tiempo, aquellos que meditan de forma regular se dan cuenta que no se ponen tan ansiosos o se estresan tanto, y tampoco reaccionan tan intensamente al estrés. Además, se vuelven más conscientes de cuando la ansiedad se acerca y son capaces de evitarla antes de que se apodere nuevamente de sus vidas.

Como Comenzar
Meditación Diaria

Una de las mejores cosas de la meditación es que puedes realizarla en cualquier lugar que te encuentres; ya sea en casa, en el trabajo o incluso cuando vas viajando. Pero si quieres obtener todos los beneficios de esta, se recomienda llevar a cabo sesiones de meditación todos los días con el fin de tener una mejor salud física y emocional. Dicho esto, aquí abajo encontrarás algunas formas simples para practicar la meditación por ti mismo.

Respiración–Ya sea que dure por 10 minutos o 1 hora, respirar de forma lenta y controlada puede ayudar en aliviar la ansiedad y el estrés para conseguir una mejor calidad de sueño y una mente más relajada.

Relajación Consciente - Un método un poco más progresivo, de relajación progresiva, incluye enfocar toda la atención en ciertas partes del cuerpo, principalmente en áreas adoloridas con el fin de ofrecer alivio. Cuando esto se combina con una respiración profunda. Los resultados son mucho mejores.

Repite un Mantra- Poner tu atención en el sonido de tu propia voz mientras cantas una palabra en particular con el fin de relajarte es un método de prueba de tiempo que atraviesa muchas religiones, cultura y procesos de curación diferentes. Puedes usar cualquier mantra que quieras mientras ayude a que te relajes.

Camina y Medita–Una mejor y más saludable manera de relajarse es combinar el caminar con la meditación. Esto te ayuda a calmar la mente al mismo tiempo que purificas el cuerpo. Una forma simple para lograrlo es concentrarte en los movimientos de tu cuerpo en vez de concentrarse en llegar a tu destino. Ve más despacio y respira profundamente con cada paso que das.

2.3 Hipnoterapia

Esta es otra de las opciones naturales efectivas para superar la ansiedad. La hipnoterapia es beneficiosa porque mantiene a tu cerebro respondiendo de manera positiva ante situaciones de estrés. Un hipnoterapeuta es bueno ya que aborda tus ansiedades mientras te encuentras en un estado de extrema calma y te enseña a mantenerte calmado en situaciones que usualmente causan ansiedad.

¿Qué es la Hipnoterapia?

La hipnoterapia es un tipo de terapia que se usa para ayuda a pacientes a alcanzar lo que se conoce como *mayor nivel de consciencia*. Muchas personas se refieren a este estado como *trance.* Existen muchas técnicas que se utilizan para alcanzar este estado. Esto incluye ejercicios de relajación guiados, fuertes niveles de concentración y desarrollo de la capacidad de concentración. El fin principal de la hipnoterapia es garantizar que las distracciones mentales y las distracciones ambientales sean bloqueadas de manera eficiente con el fin de que el participante se pueda enfocar en tareas o instrucciones que les va dando un profesional calificado. El uso de la hipnoterapia para aliviar la ansiedad se realiza por especialistas certificados y calificados en salud mental que son particularmente entrenados con el fin de realizar la hipnoterapia para tratar pacientes que sufren de ataques de pánico. Normalmente implica concentración profunda, relajación dirigida, así como una cuidadosa atención para alcanzar un estado donde el paciente no reaccione a estímulos externos. En esta condición específica el paciente se puede enfocar en sus tareas o pensamientos, dejando de lado las cosas que le causan ansiedad.

¿Por Qué es Efectiva Contra la Ansiedad?

La hipnoterapia ayuda a pacientes con ansiedad en muchas formas. Además de ayudarlos a alcanzar el estado de mayor nivel de consciencia, muchos de estos profesionales aplican psicoterapia. Es bastante común que los pacientes con ansiedad experimenten pensamientos que los preocupan, recuerdos intolerables, y emociones que se han estancado en sus conciencias mientras atraviesan el proceso de hipnoterapia. La psicoterapia ayuda a los pacientes a superar estos pensamientos, recuerdos y sentimientos.

Existen dos formas de psicoterapia que puedes usar junto con la hipnoterapia para curar de manera efectiva la ansiedad, las cuales son:

Terapia de Sugestión- Esta es la forma que pone al paciente en una condición que lleva a ser más receptivo a las sugestiones creadas por el terapeuta.

Análisis– Este es un excelente método aplicado por un hipnoterapeuta para exponer la raíz principal de la ansiedad por la cual el paciente está pasando. Este método es muy efectivo. Cuando alguien que está sufriendo de ansiedad se encuentra en un estado de hipnosis, se vuelve más abierto para hablar de sus problemas. Dependiendo de lo que se aprenda durante la discusión, el hipnoterapeuta que lleva a cabo la sesión puede entonces dar sugerencias importantes que se arraigarán intensamente en la mente subconsciente del paciente y conducirán a comportamientos conscientes positivos.

2.4 Hierbas Medicinales

Las hierbas medicinales, la ayurveda y la homeopatía también ofrecen soluciones naturales para la ansiedad. Unos de los suplementos más confiables que puedes utilizar incluyen; el toronjil, la escutelaria y la pasiflora. Busca más medicinas homeopáticas para la ansiedad en tus tiendas locales, o puedes también probar el té de Tulsi, un remedio ayurveda para la ansiedad.

Tratamientos de Ansiedad Suplementarios

Por cientos de años las personas han utilizado remedios herbales. Existen muchas culturas que han creado tratamientos de medicina herbal para ayudar a curar la ansiedad. La medicina herbal alternativa, sugerida por un especialista en medicina alternativa, puede ayudar a controlar los sentimientos que se experimentan durante un ataque de ansiedad que está por venir. Muchas de estas alternativas herbales pueden ayudar a calmar y suavizar los efectos de quien las padece.

Algunos de los tratamientos herbales para la ansiedad más usados son:

Manzanilla, es un producto herbal que se utiliza en todo el mundo para tratar la ansiedad. Está disponible en diferentes formatos como: Aromaterapia, té y suplementos. La flor de esta planta es la parte que se usa para tratar la ansiedad y calmar el nerviosismo. Además de utilizarse como un tratamiento alternativo para superar la ansiedad, está planta contiene otras propiedades para tratar otras condiciones.

L-Teanina es un extracto de té verde que se utiliza para calmar de manera eficiente a quienes sufren de distintos tipos de ansiedad. Para aprovechar todos los beneficios que este tratamiento ofrece, debes tomarlo en su forma pura. Las dosis que estén 99% por debajodel extracto no funcionarán de manera tan efectiva al tratar la ansiedad.

Pasiflora, el extracto de pasiflora también es un tratamiento natural para la ansiedad ya que calma a la persona. El extracto de esta flor es muy efectivo para controlar la ansiedad y se encuentra con facilidad en las droguerías locales.

Debes tener claro que esto puede que no te resulte de la misma forma que le resultó a otra persona, es mejor consultar con un profesional de la medicina alternativa para conocer la mejor manera de tomar estas medicinas herbales enlistadas arriba y así conocer todos sus efectos y propiedades.

Conclusión

La ansiedad es una de las peores condiciones mentales que uno puede experimentar en la vida. Esta condición mental noshace perder nuestra habilidad de experimentar la felicidad. También puede llevar a otras devastadoras enfermedades como la depresión la cual también puede llevarnos a sufrir otras complicaciones de salud por culpa del estrés, como son las enfermedades cardiacas o problemas a la presión.

Un alto nivel de ansiedad, claramente contribuye a que la persona que la sufra tenga mucho estrés. La mejor y más sana manera de vencer este problema es con la ayuda de tratamientos naturales.

Sí, literalmente existen un montón de medicamentos para vencer la ansiedad en los mostradores de las farmacias, pero ¿Son realmente efectivos? Posiblemente sí, pero muchas veces no y vienen con efectos secundarios nocivos.

Por lo tanto, los tratamientos naturales son una mejor alternativa ya que no traen ningún efecto secundario. Como alguien que sufre de ansiedad, probablemente hayas perdido la esperanza en tratarte. Todo lo que tienes que hacer es levantarte y hacer algo al respecto, al absorber toda esta información y seguir las sugerencias contenidas en este libro, estarás en camino a liberarte de la ansiedad.

Alguien que sufre de ansiedad puede también experimentar otros síntomas como; palpitaciones del corazón, dolores de cabeza repetitivos, dificultad para respirar, tensión, nauseas, temblores, problemas digestivos, mareos al igual que disfunción sexual. Los medicamentos químicos simplemente empeorarán estos problemas y posiblemente harán que desemboque en una ansiedad aún más fuerte.

Tratar la ansiedad de manera natural puede llevarse a cabo con la ayuda de algunos tratamientos que se han probado que funcionan. Cuando utilizasremedios naturales para liberarte de la ansiedad, notarás que enfocarte en cosas más importantes se vuelve mucho más fácil.

No es fácil lidiar con las actividades del día a día cuando estás enfermo. La ansiedad es una condición real, con consecuencias a largo plazo si no es tratada. Cuando no se trata, la ansiedad puede causar problemas de salud que requerirán que tengas que pasar por incluso más tratamientos.

La verdad es que descubrir la raíz de la ansiedad no es lo más importante, esto es porque una vez que la tienes, comenzará a diversificarse y habrá más cosas que la desencadenarán. Lo más importante es que la estás controlando con la ayuda de tratamientos que son naturales y que estás recuperando el control de tu vida.

Parte 2

Introducción

Quiero agradecerte y felicitarte por descargar el libro.

La ansiedad no es un concepto extraño. Todo el mundo ha experimentado ese momento fugaz de incertidumbre, preocupación, temor y temor que se deriva de anticipar una situación, evento o circunstancia real o imaginaria.

Puede estar ansioso por saber qué cocinar para sus invitados, qué ponerse para una función, reunirse con amigos, cruzar la calle, una entrevista de trabajo, y así sucesivamente. Eso es normal. Tal ansiedad suele durar unos minutos antes de irse.

En pequeñas dosis, la ansiedad no es nada malo. En realidad, puede alertarlo sobre el peligro, motivarlo para prepararse para ciertas situaciones y protegerlo del peligro al desencadenar la respuesta de lucha o huida. La ansiedad solo se convierte en un problema real cuando persiste durante horas, días, semanas o meses.

La ansiedad que ha sobrepasado su

bienvenida se vuelve letal porque conlleva ciertas implicaciones psicológicas, fisiológicas y emocionales que pueden afectar negativamente su vida y traerle una miseria incalculable. Aunque no tiene que ser así; no tienes que vivir con ansiedad ¡Puedes hacer algo al respecto, HOY!

En esta guía útil, analizaremos cómo reconocer la ansiedad, cómo la ansiedad afecta tu vida y cómo puedes vencer la ansiedad y crear un camino claro hacia la felicidad.

Gracias de nuevo por descargar este libro, ¡espero que lo disfruten!

Capítulo 1: Comprender los síntomas de la ansiedad

Este es el trato: cuando te sientes ansioso, tu cuerpo reacciona activando la respuesta al estrés o la respuesta de lucha o huida. El propósito de esta respuesta es proporcionar un aumento adicional a tus niveles de energía y conciencia para que puedas tener la claridad mental y la energía que necesitas para salir del peligro.

La respuesta al estrés provoca ciertos cambios en tu cuerpo. Éstos incluyen:
• Falta de aliento
• Dolor de pecho
• Sudoración
• Temblor
• Sentirse nervioso, tenso o inquieto
• Dolor o malestar en el estómago
• Sentirse nebuloso o separado de uno mismo.
• Dolores de cabeza
• Sentirse muy frío o caliente.
• Entumecimiento u hormigueo
• Sentirse débil o cansado
• Problemas para concentrarse

- Problemas para dormir
- Sentir un nudo en la garganta.
- Experimentar una sensación de fatalidad, pánico o peligro inminente

Por supuesto, diferentes personas pueden exhibir diversos síntomas. Como ya se dijo, un poco de ansiedad es normal. Sin embargo, ¿te imaginas los efectos de estar en un tornado de ansiedad sin fin? Eso es lo que sucede cuando vuelven a surgir sus preocupaciones y experimenta los síntomas anteriores repetidamente. Los síntomas de la ansiedad no se detienen ahí:

Otros síntomas de ansiedad incluyen:

Preocupación excesiva

Ansiedad y preocupación van de la mano. Cuando te preocupas excesivamente, los pensamientos que van desde lo razonable hasta lo extremo hacen que tu mente se convierta en su morada. Algunas de las cosas por las que puede preocuparse pueden incluir cosas como fallar una entrevista, arruinar un proyecto, los gérmenes, sus compañeros de trabajo que se ríen de usted o su pareja, olvidándose de reunirse con usted para su noche de cita programada. En otras palabras, puede preocuparse mucho por una serie de cosas. El problema con la preocupación excesiva es que ocupa mucho tiempo. También conduce a cuestiones como la evitación.

Evasión

La evasión es otro comportamiento asociado a la ansiedad. Cuando está excesivamente preocupado por las cosas, puede reaccionar negándose a ir a ciertos lugares o negándose a hacer ciertas cosas. Puedes:

• Evita ciertas áreas por temor a la exposición a gérmenes o enfermedades

• Se niega a someterse a un chequeo médico de rutina

• Le resulta difícil hablar en el trabajo o en público

• Negarse a aceptar invitaciones sociales debido a temores sociales

• Usa ciertas rutas porque le teme a las áreas con mucha gente o al pasar por cosas como túneles o puentes

- Estar excesivamente preocupado por cometer errores o desear alcanzar la perfección en lo que se refiere a proyectos de trabajo y apariencia.
- El miedo al fracaso, que puede llevarlo a dejar pasar grandes oportunidades.

Evitar es solo una forma de no enfrentar situaciones potencialmente estresantes. No le ayuda y, en muchos casos, interfiere con su felicidad y sus posibilidades de éxito. Aparte de la evasión, la ansiedad también puede crear dependencia.

Dependencia

Como niño, dependía de su padre o tutor para satisfacer sus diversas necesidades. Ahora que es un adulto, debe poder hacer ciertas cosas sin buscar ayuda ni consuelo. Desafortunadamente, la ansiedad crea dependencia. Te hace:

- Hacer las mismas preguntas repetidamente
- Exige confort incluso en situaciones que no son amenazantes.
- Pedir a los demás orientación a través de tareas rutinarias

- Consulte con su pareja acerca de todo tipo de cosas
- Involucra a su pareja negándose a separarse de él o ella durante más de unas pocas horas
- Viaja con alguien en caso de que tengas un ataque de ansiedad.
- Sigue revisando para ver si un amigo te conocerá
- Necesita la seguridad de que no se enfermará
- Sigue viviendo con tus padres mucho después de que tus compañeros hayan abandonado sus respectivos hogares de padres y hayan comenzado a depender de ellos mismos

Por supuesto, es común buscar ayuda o buscar apoyo cuando se enfrenta a situaciones nuevas o desafiantes. Sin embargo, la ansiedad lleva buscando ayuda o apoyo por la borda. Esto es especialmente así porque también tiende a pintar el peor escenario.

Esperando que suceda lo peor

Después de sufrir ansiedad, puede

identificarse no solo con preocuparse mucho, sino con una preocupación extrema y, en el curso de su preocupación, su cerebro pinta un cuadro cada vez más sombrío. Por lo tanto, es común que las personas ansiosas esperen siempre que suceda lo peor.

Se pone peor.

Cuando estás ansioso de forma crónica, puedes comenzar a sacar conclusiones extremas, incluso cuando solo tienes información vaga. Tu mente evoca rápidamente el peor de los casos. Esto hace que te preocupes durante horas por hacer incluso las cosas más mundanas. Peor aún, puedes comenzar a verte a ti mismo como inútil, desagradable, incompetente o incluso feo. Este exceso puede llevar a un funcionamiento deficiente.

Funcionamiento deteriorado

Lo que pasa con la ansiedad es que cuando se acumula, afecta negativamente todos los aspectos de tu vida y, antes de que te des cuenta, te estás perdiendo actividades y momentos importantes. La ansiedad no solo afecta su salud física, también afecta su salud mental, y cuando lo hace, se encontrará luchando para cumplir con sus deberes. Puede comenzar a olvidar cosas, luchar para levantarse por la mañana, luchar para mantenerse enfocado y no alcanzar su potencial. Las cosas tales como socializar con amigos se volverán difíciles hasta el punto en que los abandones.

Esta no es manera de vivir tu vida. Sin embargo, hay esperanza; no tienes que vivir con ansiedad De hecho, puedes comenzar a hacer una serie de cosas para derrotarla. Puedes empezar por abrazar las técnicas de relajación.

Capítulo 2: Técnicas de relajación que te ayudarán a vencer tu ansiedad

Cuando estás ansioso, tu cuerpo inicia la respuesta al estrés. Esta respuesta es muy bienvenida en emergencias porque los cambios de gran alcance que trae en el cuerpo le permiten actuar rápidamente.

Sin embargo, cuando está ansioso de forma crónica, la respuesta al estrés se activa constantemente y, en lugar de ser útil, le cuesta mucho a su cuerpo. Te agota físicamente y causa estragos en tu salud emocional. Desafortunadamente, puede que no sea posible evitar todo el estrés. Sin embargo, puede aprender cómo iniciar la respuesta de relajación.

Como su nombre lo indica, la respuesta de relajación hace exactamente eso; lleva a tu cuerpo a un estado de descanso profundo o relajación. Efectivamente devuelve el equilibrio tanto a tu cuerpo como a tu mente. Una vez que active la respuesta de relajación, su respiración se hará más lenta y su ritmo cardíaco se normalizará y luego se relajará. Sus músculos se relajarán y su presión arterial se estabilizará o disminuirá. Esto significa que al activar la respuesta de relajación, eliminará la mayoría de los síntomas asociados con la respuesta al estrés o la ansiedad.

Hay varias formas de provocar la respuesta de relajación. Éstos incluyen:

Respiración profunda

La falta de aliento es uno de los síntomas de la ansiedad crónica. Esto se debe a que cuando la ansiedad crónica activa la respuesta al estrés, terminas respirando superficialmente desde la parte superior del pecho. La respiración profunda desde su abdomen asegura que usted extraiga más oxígeno hacia sus pulmones, lo que lleva a menos tensión y, por lo tanto, a la relajación.

Cómo practicar la respiración profunda para aliviar la ansiedad y la relajación

- Para practicar la respiración profunda, comience por sentarse en una silla con la espalda recta.
- Luego, coloque una mano sobre su estómago y la otra sobre su pecho, y luego respire por la nariz. Respire de una manera que asegure que la mano en el área de su pecho no se mueva tanto como respira de manera profunda y esquemática.
- Al respirar, notará que su estómago se expande y la mano que se encuentra en su área del estómago se moverá hacia afuera.
- Luego, exhale por la boca mientras

mantiene la mano sobre su pecho inmóvil. Su otra mano, la que está en su barriga, se moverá hacia adentro cuando empuje la mayor cantidad de aire posible.

• Continúe respirando profundamente hasta que se sienta calmado y relajado (5 a 15 minutos es suficiente).

Meditación de la conciencia plena

La meditación de atención plena es un tipo de meditación que cambia su enfoque hacia el presente. Su objetivo es garantizar que esté totalmente involucrado en el momento presente, por lo que es una de las formas más efectivas de lidiar con la ansiedad crónica.

Piénsalo.

Muchas veces, está ansioso por cosas que ya sucedieron o cosas que pueden suceder en el futuro. Esto mantiene su mente repasando los problemas y creando repetidamente los peores escenarios.

Aquí está la cosa sin embargo no puedes vivir en el pasado ni puedes predecir el futuro sin importar lo preocupado que estés por ello. Lo mejor que puedes hacer es prepararte para el futuro, pero sigue viviendo tu vida actual.

Debido a que le permite vivir y experimentar el momento presente, la meditación de atención plena es muy efectiva cuando se trata de aliviar el estrés y la ansiedad. Pero, ¿qué implica o significa ser consciente del momento presente?

Cómo ser consciente

Lo primero que se debe tener en cuenta es que la forma más sencilla de practicar la meditación consciente es centrarse en una sola acción repetitiva. Esta acción puede ser tu respiración, un mantra o la luz de una vela. Todo tu enfoque debe estar en esa única cosa.

Comience por ir a un entorno tranquilo que bloquee todas las formas de perturbaciones. Una vez que esté en un lugar así, siéntese en una posición cómoda y luego comience a concentrarse en esa única cosa. Por ejemplo, si decides enfocarte en la llama de una vela, observa la llama sin pensar en nada más. Si tu mente divaga, no te enojes. En cambio, vuelve a centrarte en la llama.

También puedes combinar la atención plena con la respiración profunda. En este caso, solo tendrá que concentrarse en su respiración. Concéntrese en cada naturaleza de la forma en que inhala la respiración a través de la nariz y la boca. Como siempre, no sea crítico con los pensamientos que puedan surgir durante la práctica y no se concentre en ninguno específico; simplemente déjalos pasar como nubes en el cielo y, en cambio, vuelve a enfocar tu mente en tu respiración cada vez que vaga y comienza a acaparar los pensamientos que pasan a través de ella. Al principio, esto requerirá mucho esfuerzo, pero con práctica y consistencia, se volverá más fácil y aprenderá a ser menos crítico con sus pensamientos.

La atención plena te enseña a mirar las cosas sin ser crítico. Esta naturaleza observadora lo ayudará a estudiar sus emociones y a poner sus preocupaciones en perspectiva, lo que luego lo ayudará a disminuir su ansiedad.

Movimiento rítmico

Asociamos ejercicio con sudor y trabajo duro. Eso no es todo el ejercicio es; También es una excelente manera de relajar los músculos, la mente y todo el cuerpo. Los movimientos rítmicos, en particular, relajan tu mente a través de movimientos repetitivos. Algunos de los ejercicios de movimiento rítmico que puede probar incluyen cosas como caminar, correr, escalar, remar, nadar o bailar. Tales ejercicios trabajan para aliviar el estrés. Además de los beneficios de alivio del estrés, puede aumentar la efectividad de estos ejercicios agregando un componente de atención plena alentrenamiento que sea en el que estés involucrado.

Aquí es cómo puede hacer esto:

Bueno, la atención plena requiere que te involucres en el momento presente. Por lo tanto, para agregar atención a la forma elegida de ejercicio, solo necesita concentrarse en cada naturaleza de su cuerpo y en cómo se siente al participar en el ejercicio.

Concéntrese en sus movimientos y las diversas sensaciones en sus extremidades. Concéntrese en cosas como el viento en su cara, su pie cuando toca el suelo o incluso el ritmo de su respiración. Esto lo arraigará en el momento presente y le enseñará a su mente a centrarse en el ahora en lugar de preocuparse por otras cosas. Si notas que tu mente vaga, no te preocupes; en su lugar, vuelva a enfocarse suavemente en sus movimientos y respiración.

Las técnicas de relajación pueden ser muy beneficiosas cuando experimenta un ataque de ansiedad. Ayudan a disminuir la frecuencia cardíaca y disminuyen la respiración. También bajan la presión arterial. Sin embargo, cuando se trata de derrotar a la ansiedad, la relajación no es más que un primer paso en una estrategia múltiple. La verdad es que para superar la ansiedad crónica para el bien, necesita algo más que saber cómo aliviar los síntomas de ansiedad. También necesitas saber cómo controlar tu preocupación.

Capítulo 3: Cómo controlar tu preocupación

Como saben, preocuparse es uno de los componentes de la ansiedad crónica. Cuando la preocupación crónica consume tu mente, te vuelves ansioso y temeroso. Tu mente comienza a imaginar los peores escenarios y la consumación con "qué pasaría si" se profundiza.

Como se indicó anteriormente, preocuparse puede ser bueno si lo impulsa a la acción. Por ejemplo, si está preocupado por lo preparado que está para un próximo proyecto, y esa preocupación lo lleva a investigar más y ensayar su presentación, eso es algo bueno. Sin embargo, si estás tan consumido con lo que podría pasar que te pasas todo el día imaginándote lo peor en lugar de prepararte para el proyecto, ese tipo de preocupación es problemático.

La preocupación excesiva puede paralizarte. Una razón para esto es porque trae consigo muchas dudas y miedos, eleva su nivel de ansiedad hasta un punto en el que comienza a pensar que no tiene solución o forma de salir de un apuro o sensación de que no hay necesidad de intentarlo porque Apesta de todos modos. "Este tren de pensamiento no es uno al que debas cortejar.

La buena noticia es que tiene la capacidad de darle a su mente una nueva perspectiva y entrenarla para mantener la calma incluso en las situaciones más desconcertantes. Para hacer esto, debes:

Crear un período de preocupación

Si bien es probable que tenga mucho de qué preocuparse, no necesita preocuparse por ello en cada momento de vigilia. Puedes (y debes) poner la preocupación en su lugar. Una forma efectiva de hacerlo (poner la preocupación en su lugar) es creando un período de preocupación. Durante este período, puedes preocuparte por el deseo de tu corazón. Puede preocuparse por cosas pequeñas o grandes, siempre y cuando se preocupe dentro del período establecido.

Esto significa que tienes que determinar cuándo estarás preocupado. Elija el mismo tiempo de preocupación todos los días y tenga una hora de inicio y finalización. Esto le permitirá pasar su día sin preocuparse. Cuando surge la preocupación durante el día, como lo hará a menudo, la posponen.

Posponer su preocupación

Posponga efectivamente su preocupación al período de preocupación. Anote la preocupación y luego colóquela en el quemador posterior. Esto tiene dos ventajas.

Primero, le permite a tu cerebro saber que no estás ignorando el problema, ya que has establecido un momento adecuado para pensar en ello. En segundo lugar, le permite pasar el día sin preocuparse demasiado por el problema. Una vez que termina su día, puede comenzar a preocuparse durante el período de preocupación designado.

Preocuparse sólo durante el período designado

Ahora que ha creado una lista de preocupaciones, debe seguir adelante y prestarle atención durante el período de preocupación. Repase todos los elementos de su lista e identifique aquellos en los que necesita dedicar tiempo. Es probable que descubra que no necesita preocuparse por algunos de los artículos. Si lo hace, pase al siguiente elemento. A medida que recorre su lista, tenga en mente su período de preocupación. Una vez que se acabe el tiempo, tienes que pasar a otras cosas.

Participar en la resolución de problemas

Preocuparse no es una solución. Su trabajo es alertarte sobre una situación que requiere atención. La preocupación excesiva sin tomar acción no tiene sentido. Solo alimenta tu ansiedad y al final del día, te hace sentir miserable. En algún momento, debe involucrarse en la resolución de problemas.

¿Qué es la resolución de problemas?

En la resolución de problemas, evalúa un problema o una situación y luego determina qué pasos tomar para tratar el problema. Sin embargo, no se detiene ahí:

tiene que "implementar" la solución al problema (debe tomar medidas).

Comience por estudiar sus preocupaciones y luego colóquelas en dos categorías. La primera categoría debe tener preocupaciones solubles. Estas son preocupaciones que tienen una solución real. Por ejemplo, puede preocuparse por llegar tarde al trabajo. Las preocupaciones que llegan a tu lista de preocupaciones solucionables deben ser todas las preocupaciones sobre las que puedes hacer algo.

Las preocupaciones solubles tienen soluciones. Para determinar cuáles son esas soluciones, participe en una sesión de lluvia de ideas. Siguiendo con nuestro ejemplo anterior, enumere las diversas acciones que puede tomar para evitar llegar tarde al trabajo. Esto puede incluir acciones como acostarse temprano, prepararse para su día la noche anterior y programar una alarma. En otras palabras, no dejes de preocuparte; en su lugar, crea tu plan de acción y luego ejecútalo. Esto disminuirá su preocupación y le dará más control de la situación. ¿Qué debe hacer en una instancia donde su preocupación no tiene solución?

Si tiene una preocupación sin solución, colóquela en la categoría de preocupación sin solución. Esta categoría debe incluir todas las preocupaciones más allá de su control. Muchas de nuestras preocupaciones caen en esta categoría. Afectan sus sentimientos y lo hacen enojar o sentir miedo y, sin embargo, hay poco o nada que pueda hacer para garantizar el resultado que desea.

En este caso, necesitas aceptar tus sentimientos. No descartes tus preocupaciones. En su lugar, reconoce que ciertas cosas te preocupan y que las emociones tienden a ser desordenadas. Esto evitará que te castigues o te sientas abrumado cuando surja la preocupación. Recuerde que la ansiedad crónica puede ser paralizante. Si aceptas que hay cosas de las que te preocupas, no tendrás que alejarte del mundo solo porque estés preocupado por ellas.

Aceptar incertidumbre

La incertidumbre va de la mano con preocupaciones sin solución. La vida es incierta: nada es una garantía. En la vida, las situaciones pueden cambiar en un abrir y cerrar de ojos. Necesitas aceptar esto. Es importante tener en cuenta que preocuparse es un intento de predecir el futuro. La preocupación sirve para ayudarlo a analizar situaciones en busca de peligros y sorpresas desagradables. El razonamiento de tu mente es que si te preocupas lo suficiente, cubrirás todas tus bases y controlarás el resultado. Esto es una ilusión.

Puedes pasar todo el día repasando escenarios en tu mente y, sin embargo, la realidad aún puede sorprenderte. El hecho es que eres un ser humano que trata con seres humanos impredecibles. Concédase a usted y a los demás un margen de maniobra cuando se trate de cómo reaccionará ante ciertas situaciones. Si todavía estás preocupado o ansioso, debes tomar al toro por los cuernos y desafiar tus pensamientos ansiosos.

Capítulo 4: Desafía tus pensamientos ansiosos

Para vencer la ansiedad, necesitas desafiar los pensamientos ansiosos. Esto se debe a que sus pensamientos generan preocupaciones y temores que pueden llevar a la ansiedad crónica. Si está atrapado en pensamientos ansiosos, comenzará a pensar que cualquier pensamiento negativo que posea es un hecho. Tu mente sacará conclusiones y, en poco tiempo, comenzarás a dudar de ti mismo y de tu capacidad para manejar problemas.

Entonces, ¿qué puedes hacer para prevenir esto?

Lo primero que debe hacer es reconocer cuándo tiene actitudes pesimistas o distorsiones cognitivas. Las distorsiones cognitivas incluyen cosas tales como:

Sobre generalización: no debe generalizar en exceso las situaciones basadas en un encuentro o experiencia negativa. Las cosas cambian. Las circunstancias difieren y las personas crecen. Usted debe mirar en cada situación por sus propios méritos.

Salta a la conclusión: ya que no eres un lector mental o un adivino, la única forma en que realmente puedes saber lo que alguien está pensando es preguntándole a la persona. Antes de emitir un juicio o tomar decisiones, eche un vistazo crítico a los hechos.

Esperando lo peor: esperar que suceda lo peor no le da una ventaja, ni lo equipa para manejar cualquier situación (o la). En cambio, solo alimenta tu ansiedad y te paraliza en el miedo. Puede terminar perdiendo mucho porque deja que el miedo al fracaso lo asuste para que no intente lograr nada.

Ver las cosas como negro o blanco: Como hemos dicho, los seres humanos no son perfectos. Las situaciones rara vez son predecibles. Si ves las cosas como negro o blanco, te decepcionará la vida. Necesitas dejar espacio para errores y compromisos.

Etiquetándote: no te etiquetes por fallas. Los fracasos no te definen. No te hacen un perdedor. Solo significan que necesitas determinar otra forma de hacer las cosas. Tómalos como lecciones.

Centrándose en los aspectos negativos: si se concentra en los aspectos negativos, se frustrará constantemente. Esto se debe a que no verá todas las cosas que realmente ha tenido éxito. Toda su atención estará en esa única cosa que no fue conforme al plan.

Desestimando sus logros: no debe descartar ni disminuir las cosas o eventos positivos en su vida. No los atribuyas a la suerte ni los llames destino. En su lugar, acéptalos y permítete sentirte orgulloso de tus logros.

Tener una lista de "debería no ser" y "debería": si eres demasiado estricto contigo mismo, puedes darte una paliza porque te falta la perfección. Si comete un error, debe reconocerlo y aprender de él. Repasar constantemente el error y darte una paliza porque no te sirve de nada.

Personalización: la personalización es algo que mucha gente hace. Se culpan a sí mismos incluso cuando no tenían control sobre la situación. Debe abstenerse de asumir responsabilidad por resultados o situaciones que no estén bajo su control.

Confundir sentimientos con la realidad: por ejemplo, si te sientes asustado o asustada, puedes comenzar a pensar que estás en un verdadero peligro físico. Tal es el caso cuando estás experimentando una ansiedad o un ataque de pánico. En tal situación, debe verificar los hechos y obligarse a reconocer las cosas que le rodean para que pueda volver a la realidad. De esta manera, podrás contrarrestar el razonamiento emocional.

Cuando experimente un pensamiento ansioso o un ataque de pánico, pregúntese si está dentro de alguna de estas categorías de distorsiones cognitivas. Si lo hace, debe recordarse que tales distorsiones no son la realidad. Ellas solo están ahí para alimentar su ansiedad. Déjalas ir.

Otra cosa que hacer cuando te enfrentas a un pensamiento ansioso es diseccionar el pensamiento. Trate de proporcionar tantos antecedentes y detalles como sea posible.

De esta manera, puede comenzar a cuestionar el pensamiento para determinar si es cierto o no. Si tiene miedo, siga adelante y determine la probabilidad de que ocurra la situación o el evento y luego verifique si hay otros resultados posibles. Esto evitará que te fijes en los peores escenarios.

Además, pregúntese qué le diría a otra persona que tenga el mismo pensamiento. Esto te ayudará a obtener una perspectiva y evitar que tus pensamientos te abrumen. Como tendemos a ser más duros con nosotros mismos, a menudo nublamos nuestra capacidad de pensamiento y, por lo tanto, terminamos tomando malas decisiones. Si te apartas de la situación, comenzarás a verlo desde otra perspectiva.

Otra cosa que puedes hacer para vencer los pensamientos de ansiedad es cuidarte.

Capítulo 5: Derrotar la ansiedad cuidándose a sí mismo

No importa de cuántas cosas te preocupes, no debes descuidarte. De hecho, si usted prioriza su bienestar, tendrá menos de qué preocuparse. Para mantenerse al día con su cuidado personal, puede hacer cosas como:

Ejercicio

El ejercicio es bueno para tu mente y cuerpo. Es especialmente eficaz para aliviar la tensión y el estrés. También aumenta su salud mental y mejora su memoria y pensamiento. Cuando haces ejercicio regularmente, tendrás más energía y dormirás mejor. Además, el ejercicio mejora tu autoestima y resistencia. Todos estos beneficios hacen del ejercicio un excelente tratamiento contra la ansiedad.

Para beneficiarse del ejercicio, no tiene que hacer ejercicios vigorosos. Puedes comenzar con movimientos simples como caminar. Comience con una caminata de 10 minutos y aumente desde allí. Combina ejercicio con atención plena para obtener mejores resultados. Esto le ayudará a concentrarse en las sensaciones que experimenta a medida que se involucra en el ejercicio en lugar de en sus preocupaciones.

Si va a hacer ejercicio, no lo deje al azar. En su lugar, determina qué ejercicio vas a hacer y a qué hora lo harás. Además, obtenga la ropa adecuada y establezca varios objetivos para mantenerse motivado. También puede configurar un sistema de recompensas para que pueda recompensarse a sí mismo cada vez que alcance un objetivo en particular. Cuando comience a disfrutar de los beneficios del ejercicio, le resultará más fácil participar en él regularmente.

Tomar un descanso

Como persona ansiosa, a menudo pensará demasiado todo y, en el proceso, descuidará las soluciones obvias. Esto sucede porque quieres cubrir todos los escenarios. Como resultado, terminas sin presentar un plan de acción claro que te ayude a encontrar soluciones para varios problemas.

Además, en lugar de hacer un plan de acción, puede concentrarse en repasar todas las cosas que necesita hacer sin lograr nada. Esto no debe ser alentado.

Es por esto que necesita tomar un descanso de vez en cuando. Esto le permitirá reponer su cuerpo y mente. Los descansos regulares le dan tiempo para absorber información y volver a enfocar su pensamiento. De esta manera, puede dedicar más tiempo a buscar soluciones en lugar de centrarse en sus preocupaciones.

Haz algo que disfrutes

La ansiedad no es grande para sus emociones. Tiende a robarte tu alegría y felicidad. Esto puede hacer que sus días sean realmente sombríos. Puede recuperar parte de esa alegría al participar en algo que disfruta de vez en cuando.

Piensa en algo que realmente te gusta hacer y cómo te hace sentir. Una vez que tenga esta cosa o actividad en mente, encuentre el tiempo para participar en ella. Por ejemplo, si le gusta leer un libro, puede dedicar unos minutos cada día para disfrutar de la lectura. Esto le quitará la mente de sus preocupaciones y lo dejará con ese sentimiento bueno que proviene de saber que no se está descuidando.

Dormir

La importancia del sueño no es algo que podamos exagerar. Si no duerme lo suficiente, puede terminar provocando ansiedad. La deuda del sueño conduce a la respuesta al estrés y los síntomas que la acompañan. Por eso es vital que duermas lo suficiente cada noche. Para mejorar tu sueño, puedes hacer varias cosas. Usted puede:

Determine el período de sueño y vigilia: para disfrutar de su sueño, primero debe asegurarse de tener suficiente tiempo para dormir. Esto significa que debe determinar a qué hora se irá a la cama y a qué hora se despertará. Esencialmente, si estás durmiendo bien, deberías poder despertarte sin la ayuda de un despertador. Si luchas para despertarte, deberías dormir un poco antes. Si tira y da vuelta antes de quedarse dormido, debería considerar dormir un poco más tarde. Una vez que descubras tu período ideal de sueño y vigilia, apégate a él.

No duerma: es posible que desee dormir especialmente durante los fines de semana, pero realmente debe evitar hacerlo. Esto se debe a que dormir dormido arruinará tu ciclo de sueño y vigilia. Si se acostó tarde, debería levantarse a la hora habitual y usar una siesta por la tarde para compensar la deuda del sueño.

Asegúrese de realizar una siesta inteligente cada vez que tome una siesta. No debe tomar una siesta por más de 15-20 minutos. Evite las siestas por la mañana o solo horas antes de acostarse. Si aún se siente somnoliento después de una siesta de la tarde, busque algo más que hacer y espere a que se acueste a la hora indicada por la noche.

Mejore su entorno de sueño: su entorno de sueño afectará su calidad de sueño. Tu cama debe ser para dormir. No debe usarlo como una extensión de su lugar de trabajo o entretenimiento. Además, debe mantener el ruido en su habitación bajo y asegurarse de que su habitación esté fresca y bien ventilada. Muchas personas duermen mejor con la temperatura a 18 grados C. Intente esto y ajuste la configuración de la temperatura en consecuencia después de unas pocas noches de experimentación.

Cree un ritual a la hora de acostarse: otra cosa que puede hacer para mejorar su sueño es crear un ritual adecuado para la hora de acostarse. Un ritual a la hora de acostarse consiste en cosas que estará haciendo antes de irse a dormir. Tu ritual de dormir puede incluir la preparación para el próximo día, leer un libro, tomar un baño caliente, escuchar música suave y atenuar las luces para la noche. Trata de mantener el mismo ritual cada noche. De esta manera, tu cerebro se preparará para dormir.

Sobre todo, aprenda a posponer la preocupación o incluso la lluvia de ideas durante su tiempo de sueño. Si tiene un pensamiento ardiente, simplemente anótelo para más adelante (siempre debe tener un cuaderno al lado de su cama) y relájese. Se ocupará de ello después de disfrutar de un buen descanso nocturno.

Mantente conectado

No debe tener el hábito de aislarse, especialmente si se siente ansioso o estresado. La conexión humana es especialmente efectiva para calmarse cuando estás estresado. Si está preocupado por algo, simplemente hablar sobre ello puede aclarar las cosas y aclarar su ansiedad.

En lugar de aislarte, inicia amistades con personas de todas las edades. Participar en actividades de grupo como caminar o una clase de yoga. Escuche atentamente mientras otros le cuentan su día, sus esperanzas y sus sueños. Esto te ayudará a poner tus preocupaciones en perspectiva.

Si adquiere el hábito de cuidarse a sí mismo, verá que tiene más que preocuparse por usted. Aprenderás a abrazar tu vida y encontrar la felicidad en el momento presente en lugar de encadenarte al pasado o temer el futuro.

Conclusión

La ansiedad tiene su lugar y tiempo. Cuando se presenta en pequeñas dosis, puede utilizarlo en su beneficio al analizar sus preocupaciones y temores y determinar la mejor manera de encontrar soluciones a sus problemas.

Sin embargo, la ansiedad no debe consumir una gran parte de su tiempo. Esto se debe a que cuando permites que la ansiedad normal se vuelva crónica, se presentan síntomas físicos y mentales que actúan para suprimir tu felicidad. Si estás constantemente ansioso, no tienes tiempo para abrazar tu vida o vivirla al máximo. Por eso es importante poner tus preocupaciones en perspectiva y encontrar varias formas de relajarse. Si haces esto, vencerás la ansiedad y encontrarás la felicidad.

Hemos llegado al final del libro. Gracias por leer y felicitaciones por leer hasta el final.

¡Gracias y buena suerte!

www.ingramcontent.com/pod-product-compliance
Lightning Source LLC
Chambersburg PA
CBHW052208090526
44583CB00016BA/1912